Anna Akhmatova

Rosary

Translated by Andrey Kneller

III

IV

III

You approached me, smiling mildly,
As by civility's demand,
Then half tenderly and half idly,
With a kiss you brushed my hand –
And the faces, mysterious, ancient,
Cast their gazes on me forthright...
All ten years of my trepidations,
Each and every sleepless night,
I placed them all in a quiet word
And I voiced it – in vain, unsure.
You walked off and with order restored,
My soul was empty and pure.

1913

Прогулка

Перо задело о верх экипажа.
Я поглядела в глаза его.
Томилось сердце, не зная даже
Причины горя своего.

Безветрен вечер и грустью скован
Под сводом облачных небес,
И словно тушью нарисован
В альбоме старом Булонский лес.

Бензина запах и сирени,
Насторожившийся покой…
Он снова тронул мои колени
Почти не дрогнувшей рукой.

1913

***

... By the staircase, outside,
No one greeted me. On my own,
In the moon's unfaithful light,
I entered the quiet home.

Beneath the lamp's green halo,
With a lifeless smile,
He whispered, "Cinderella,
Your voice is so full of guile..."

The hearth is fading to embers,
The crickets pester anew.
Oh, someone, as a memento,
Took away my little white shoe.

And gave me three carnations.
Without lifting his eyes.
Oh, evidence – sweet sensations,
How can I keep you disguised?

And my heart is wrung in defeat,
Understanding that soon, anew,
He will measure all other feet
With my little white shoe.

1913

***

Безвольно пощады просят
Глаза. Что мне делать с ними,
Когда при мне произносят
Короткое, звонкое имя?

Иду по тропинке в поле
Вдоль серых сложенных бревен.
Здесь легкий ветер на воле
По-весеннему свеж, неровен.

И томное сердце слышит
Тайную весть о дальнем.
Я знаю: он жив, он дышит,
Он смеет быть не печальным.

1912

Fragment

... In the gloom of the trees, hidden from view,
Someone rustled the leaves and begun:
"What has your lover done to you,
What has your lover done;

Your eyelids are heavy as if outlined
In India Ink, dark and gruff.
In stifling torment, he left you behind
In the hands of the poisoner-love.

You no longer count the stabs of the needle -
And your breast cannot be revived,
It's in vain that you try to always act gleeful -
You are better off buried alive!..."

I told the offender: "You're cunning and shady,
A devil with no sense of shame.
He's quiet, he's gentle, and always obeys me,
And loves me, always the same!"

December 26, 1911

***

Настоящую нежность не спутаешь
Ни с чем, и она тиха.
Ты напрасно бережно кутаешь
Мне плечи и грудь в меха.
И напрасно слова покорные
Говоришь о первой любви,
Как я знаю эти упорные
Несытые взгляды твои!

1913

***

Real tenderness can't be confused,
It's quiet and can't be heard.
Don't bother, there's really no use
In wrapping my shoulders with fur.
In vain you whisper sweet lies
Of falling under love's spell,
Your stubborn and hungry eyes -
I'm afraid, I know them too well!

1913

***

Не будем пить из одного стакана
Ни воду мы, ни сладкое вино,
Не поцелуемся мы утром рано,
А ввечеру не поглядим в окно.
Ты дышишь солнцем, я дышу луною,
Но живы мы любовию одною.

Со мной всегда мой верный, нежный друг,
С тобой твоя веселая подруга.
Но мне понятен серых глаз испуг,
И ты виновник моего недуга.
Коротких мы не учащаем встреч.
Так наш покой нам суждено беречь.

Лишь голос твой поет в моих стихах,
В твоих стихах мое дыханье веет.
О, есть костер, которого не смеет
Коснуться ни забвение, ни страх.
И если б знал ты, как сейчас мне любы
Твои сухие, розовые губы!

Осень 1913

***

We will not drink from the same cup -
Neither water nor sweet wine is ours,
We will not kiss as the sun goes up
Or gaze at the night, on the sill for hours.
I breathe by the moon, you – by the sun,
But the love that keeps us alive is one.

My loyal friend is constantly with me,
Your merry girlfriend is with you, likewise,
But you're the reason for my misery,
I recognize the fear in your grey eyes.
Our evanescent meetings have decreased.
Thus we are fated to preserve our peace.

But in my verse, your voice is singing clear
And in your verse, my breath is always sighing,
O, there exists a fire that's undying,
Beyond the reach of distances and fear.
And if you only knew just how transfixed
I am now by your dry and rosy lips!

Autumn 1913

***

У меня есть улыбка одна:
Так, движенье чуть видное губ.
Для тебя я ее берегу —
Ведь она мне любовью дана.
Все равно, что ты наглый и злой,
Все равно, что ты любишь других.
Предо мной золотой аналой,
И со мной сероглазый жених.

1913

***

There's a smile I make, just like so:
Barely moving my lips, just enough.
I have kept it for you, as you know, -
After all, it was given by love.
You can be disrespectful and stormy,
You love others, but that is all right.
There's a golden lectern before me
And my grey-eyed groom by my side.

1913

***

Сколько просьб у любимой всегда!
У разлюбленной просьб не бывает.
Как я рада, что нынче вода
Под бесцветным ледком замирает.

И я стану — Христос помоги! —
На покров этот, светлый и ломкий,
А ты письма мои береги,
Чтобы нас рассудили потомки,

Чтоб отчетливей и ясней
Ты был виден им, мудрый и смелый.
В биографии славной твоей
Разве можно оставить пробелы?

Слишком сладко земное питье,
Слишком плотны любовные сети.
Пусть когда-нибудь имя мое
Прочитают в учебнике дети,

И, печальную весть узнав,
Пусть они улыбнутся лукаво…
Мне любви и покоя не дав,
Подари меня горькою славой.

1913

***

A loved one makes her demands at will!
But she who's unloved has no say.
How happy I feel that the water grows still
Under the ice today.

And I shall tread – with Christ beside me! –
On this shroud, so fragile and light.
So our descendants can judge us rightly,
Keep my letters safe by your side,

So they can look on you clearly and avidly -
Always brave, always wise, in command.
Can we leave any gaps in biography,
Even one so resplendent and grand?

Earthly drinks are too sweet anyhow,
Nets of love are too tight, all the same,
In their lesson books, years from now,
Let the children discover my name,

And shrewdly, they'll smile from above,
Recognizing the sorrowful story,
You, who gave me no peace and no love,
Only grant me this last bitter glory.

1913

***

В последний раз мы встретились тогда
На набережной, где всегда встречались.
Была в Неве высокая вода,
И наводненья в городе боялись.

Он говорил о лете и о том,
Что быть поэтом женщине — нелепость.
Как я запомнила высокий царский дом
И Петропавловскую крепость! —

Затем что воздух был совсем не наш,
А как подарок Божий — так чудесен.
И в этот час была мне отдана
Последняя из всех безумных песен.

1914

***

The anxious days will not recede,
And stronger grows the smell of rye.
If you were laid here at my feet,
My darling, lie.

The orioles here shrill all day,
Till night - the same routine.
It's fun to fan the wasps away
From your eyes of green.

Bells jingle, as a coach goes by,
So memorable and light.
I'll sing a song, so you don't cry,
About the parting night.

1913

***

Мальчик сказал мне: "Как это больно!"
И мальчика очень жаль.
Ещё так недавно он был довольным
И только слыхал про печаль.

А теперь он знает всё не хуже
Мудрых и старых вас.
Потускнели и, кажется, стали уже
Зрачки ослепительных глаз.

Я знаю: он с болью своей не сладит,
С горькой болью первой любви.
Как беспомощно, жадно и жарко гладит
Холодные руки мои.

Осень 1913

***

The boy said to me: "how painful it is!"
I feel for him somehow.
Not long ago, he lived in bliss
And knew no grief till now.

But as of now he surely knows sorrow
No less than the wise and the old.
His eyes are dull and growing narrow,
Their blinding light is cold.

I know: his pain will prove too much,
The pain of first love is intense.
So helpless and feverish is his touch,
Stroking my frigid hands.

Autumn, 1913

***

Высокие своды костёла
Синей, чем небесная твердь...
Прости меня, мальчик весёлый,
Что я принесла тебе смерть.-

За розы с площадки круглой,
За глупые письма твои,
За то, что, дерзкий и смуглый,
Мутно бледнел от любви.

Я думала: ты нарочно -
Как взрослые хочешь быть.
Я думала: томно - порочных
Нельзя, как невест, любить.

Но всё оказалось напрасно.
Когда пришли холода,
Следил ты уже бесстрастно
За мной везде и всегда,

Как будто копил приметы
Моей нелюбви. Прости!
Зачем ты принял обеты
Страдальческого пути?

И смерть к тебе руки простерла...
Скажи, что было потом?
Я не знала, как хрупко горло
Под синим воротником.

***

The Polish church's lofty vaults
Are bluer than the skies...
O, merry boy, it's all my fault,
I've brought you your demise. -

For all the roses from the garden,
For all you've written of,
For you, so dark and ardent,
Turned dull and pale from love.

I thought: it's what you wanted -
Just like a grown-up might.
I thought that one so wanton
Could not be become your bride.

But it was all beyond repair.
And once the cold had come,
You'd follow always, everywhere,
Already seeming numb,

As if collecting there somehow
Signs of indifference. Please forgive me!
Why did you ever take the vow
To walk upon the path of grieving?

And death was reaching for you, pale...
What, then, became of you?
How fragile your throat, how frail
Under that collar of blue.

Прости меня, мальчик весёлый,
Совёнок замученный мой!
Сегодня мне из костёла
Так трудно уйти домой.

Ноябрь 1913, Царское Село

Forgive me, owlet, all your grief -
I've tortured you outright!
O, it is just so hard to leave
This church for home tonight.

November 1913, Tsarskoe Selo

***

М. Лозинскому

Он длится без конца — янтарный, тяжкий день!
Как невозможна грусть, как тщетно ожиданье!
И снова голосом серебряным олень
В зверинце говорит о северном сиянье.

И я поверила, что есть прохладный снег
И синяя купель для тех, кто нищ и болен,
И санок маленьких такой неверный бег
Под звоны древние далёких колоколен.

1912

Insomnia

The cats are meowing woefully nearby,
I hear somebody distant walking slow...
Your words were a delightful lullaby:
They've kept me up for three months in a row.

O, insomnia, you've come to me anew!
And your expression is, like always, frozen.
Tell me, beauty, tell me, outlaw - you,
Don't you like the songs I've chosen?

White cloth curtains block the light of day,
Twilight streams inside in blue...
Are we comforted by news from far away?
Why is it I'm so at ease with you?

1912

***

Ты знаешь, я томлюсь в неволе,
О смерти господа моля,
Но все мне памятна до боли
Тверская скудная земля.

Журавль у ветхого колодца,
Над ним, как кипень, облака,
В полях скрипучие воротца,
И запах хлеба, и тоска.

И те неяркие просторы,
Где даже голос ветра слаб,
И осуждающие взоры
Спокойных загорелых баб.

1913

***

You know, I'm languishing, locked up,
I pray the Lord to strike me down,
Yet, to the point of pain, non-stop,
I recollect Tver's meager ground.

The crane on the decrepit well,
The clouds frothing overhead,
The creaking field gate and the smell
Of wheat, and sorrowful regret.

Those pale, colorless expanses,
Where even wind has lost its presence,
And those accusatory glances
Of calm and sunburnt women peasants.

1913

***

Углем наметил на левом боку
Место, куда стрелять,
Чтоб выпустить птицу — мою тоску
В пустынную ночь опять.

Милый! не дрогнет твоя рука.
И мне недолго терпеть.
Вылетит птица — моя тоска,
Сядет на ветку и станет петь.

Чтоб тот, кто спокоен в своем дому,
Раскрывши окно, сказал:
«Голос знакомый, а слов не пойму» —
И опустил глаза.

31 января 1914, Петербург

***

Pray for the lost and overburdened,
For my living soul tonight,
You, in your path, so fixed and certain,
Having seen the cabin's light.

Sad and thankful, I will plainly
Tell you all without disguise,
How the blissful night had drained me,
How the morning breathed with ice.

I've lived my life and knew no other,
Only waited, sang my song.
I had never loathed my brother,
Never did my sister wrong.

Why would God, each day, each hour,
Choose to punish one like me?
Or did my angel come, uncover
A world that none of us could see?

May 1912
Florence

***

Вижу выцветший флаг над таможней
И над городом желтую муть.
Вот уж сердце мое осторожней
Замирает, и больно вздохнуть.

Стать бы снова приморской девчонкой,
Туфли на босу ногу надеть,
И закладывать косы коронкой,
И взволнованным голосом петь.

Все глядеть бы на смуглые главы
Херсонесского храма с крыльца
И не знать, что от счастья и славы
Безнадежно дряхлеют сердца.

Осень 1913

***

The faded flag above the customs office,
The city in a yellow, murky veil.
My heart slows down, beating ever cautious,
And I feel pain each time that I inhale.

To be a girl again, live in this coastal town,
Wear sandals on my feet, rejoice,
And heap my braids up high into a crown,
And sing again in an unsettled voice.

To watch the Khersones cupolas aflame,
Sit on the porch and while away the day,
And not to know that happiness and fame
Will inevitably corrode the heart away.

Autumn, 1913

***

Плотно сомкнуты губы сухие.
Жарко пламя трех тысяч свечей.
Так лежала княжна Евдокия
На душистой сапфирной парче.

И, согнувшись, бесслезно молилась
Ей о слепеньком мальчике мать,
И кликуша без голоса билась,
Воздух силясь губами поймать.

А пришедший из южного края
Черноглазый, горбатый старик,
Словно к двери небесного рая,
К потемневшей ступеньке приник.

Осень 1913

***

Her dry lips were tightly closed up.
Three thousand candles swayed.
Thus Princess Eudoxia lay atop
The scented, sapphire brocade.

A tearless mother, bowing down,
Prayed to her for her blind son
And a voiceless hysteric thrashed about
Lapping for air on the run.

And he, who arrived from the south,
A hunchbacked old man with dark eyes,
Clenched the wall of the stairway, worn out,
Like the door into paradise.

Autumn 1913

***

Дал Ты мне молодость трудную.
Столько печали в пути.
Как же мне душу скудную
Богатой Тебе принести?
Долгую песню, льстивая,
О славе поет судьба.
Господи! я нерадивая,
Твоя скупая раба.
Ни розою, ни былинкою
Не буду в садах Отца.
Я дрожу над каждой соринкою,
Над каждым словом глупца.

19 декабря 1912, Вечер

***

My youth was hard to endure.
With so much sorrow to bear.
How can a soul this poor
Be returned to You rich and fair?
A song of praise, long and elegant,
The flattering fate sings fervent.
Lord, Almighty! I'm negligent,
Always Your miserly servant.
Not a rose, not a blade of grass
Will I be in Your gardens, Father.
I tremble at each speck of dust,
At whatever a fool might utter.

December 19, 1912 Evening

\<8 ноября 1913 года\>

Солнце комнату наполнило
Пылью жёлтой и сквозной.
Я проснулась и припомнила:
Милый, нынче праздник твой.
Оттого и оснежённая
Даль за окнами тепла,
Оттого и я, бессонная,
Как причастница спала.

1913

\<November 8, 1913\>

Sunlight filled the room with splendor,
Yellow wafting dust fell near.
I woke up and I remembered
That today's your name day, dear.
For this reason, blizzard-swept
Distances turned warm and grand
And I, in sleeplessness, have slept
Like a pleased communicant.

1913

***

Ты пришел меня утешить, милый,
Самый нежный, самый кроткий...
От подушки приподняться нету силы,
А на окнах частые решетки.

Мертвой, думал, ты меня застанешь,
И принес веночек неискусный.
Как улыбкой сердце больно ранишь,
Ласковый, насмешливый и грустный.

Что теперь мне смертное томленье!
Если ты еще со мной побудешь,
Я у Бога вымолю прощенье
И тебе, и всем, кого ты любишь.

Май 1913, Петербург

***

You have come to comfort me, my dear,
The most gentle, the most kind and modest...
But bedridden, I can't rise, I fear,
And the window's covered with a lattice.

You assumed that I was long expired,
And you brought a meager little wreath.
O, how painfully I'm wounded with each smile,
Full of affection, playfulness and grief.

Death is nothing to someone so ardent!
Stay a little, it will be enough,
I will pray to God until you're pardoned -
You, and also, all of those you love.

May 1913, Petersburg

***

Умирая, томлюсь о бессмертье.
Низко облако пыльной мглы…
Пусть хоть голые красные черти,
Пусть хоть чан зловонной смолы.

Приползайте ко мне, лукавьте,
Угрозы из ветхих книг,
Только память вы мне оставьте,
Только память в последний миг.

Чтоб в томительной веренице
Не чужим показался ты,
Я готова платить сторицей
За улыбки и за мечты.

Смертный час, наклонясь, напоит
Прозрачною сулемой.
А люди придут, зароют
Мое тело и голос мой.

1912

***

How I crave immortality, dying.
Clouds of dust come low from afar…
Let the naked red devils come flying,
With the cauldrons of foul-smelling tar.

Playing tricks, crawl up to me, lurking,
Threats from books, all tattered and bent,
Only leave me my memory working,
Just my memory, whole to the end.

So that there in tormenting succession,
Your face doesn't seem to me strange,
I will pay hundredfold for possessions
Of smiles and dreams in exchange.

Death will quench my thirst in a hurry
With a see-through, corrosive lye
And the people will come here to bury
My body and voice when I die.

1912

***

Ты письмо мое, милый, не комкай.
До конца его, друг, прочти.
Надоело мне быть незнакомкой,
Быть чужой на твоем пути.

Не гляди так, не хмурься гневно,
Я любимая, я твоя.
Не пастушка, не королевна
И уже не монашенка я —

В этом сером будничном платье,
На стоптанных каблуках…
Но, как прежде, жгуче объятье,
Тот же страх в огромных глазах.

Ты письмо мое, милый, не комкай
Не плачь о заветной лжи
Ты его в твоей бедной котомке
На самое дно положи.

1912, Царское Село

***

Do not crumble my letter, my angel.
Keep on reading until it's complete.
I'm so tired of being a stranger,
An outsider you happened to meet.

Do not gaze on me thus, full of spleen,
I'm the one that you love, I'm the one.
Not a shepherdess now nor a queen,
And I'm surely no longer a nun -

In this everyday grayish attire,
On the heels worn away at the base...
But, like always, my touch burns like fire,
With the selfsame fear in my gaze.

Do not crumble my letter, my angel.
Over intimate lies, do not cry.
In your knapsack, carry its pages,
At the bottom of it, let it lie.

1912, Tsarskoe Selo

Исповедь

Умолк простивший мне грехи.
Лиловый сумрак гасит свечи,
И темная епитрахиль
Накрыла голову и плечи.

Не тот ли голос: «Дева! встань…»
Удары сердца чаще, чаще,
Прикосновение сквозь ткань
Руки, рассеянно крестящей.

1911. Царское Село

Confession

He absolved me of sin and quieted down.
The violet dusk blew out the flame.
The dark prayer stole fell spreading around
My shoulders, my head and my frame.

Is this not the same voice: "Maiden! arise..."
The heart beats fast, at a loss,
The touch of a hand as it absently tries
To make the sign of the cross.

1911, Tsarskoe Selo

***

В ремешках пенал и книги были,
Возвращалась я домой из школы.
Эти липы, верно, не забыли
Нашей встречи, мальчик мой весёлый.
Только, ставши лебедем надменным,
Изменился серый лебедёнок.
А на жизнь мою лучом нетленным
Грусть легла, и голос мой незвонок.

Октябрь 1912. Царское Село

***

I carried my books in a strap, as I
Sauntered home, with the school receding.
These lindens, I'm sure, won't forget the time,
My merry boy, of our very first meeting.
Only now the little cygnet once gray,
Has changed to a haughty swan,
And sorrow descended like an undying ray
On my life, and my voice is gone.

October 1912. Tsarskoe Selo

***

Со дня Купальницы-Аграфены
Малиновый платок хранит.
Молчит, а ликует, как царь Давид.
В морозной келье белы стены,
И с ним никто не говорит.

Приду и стану на порог,
Скажу: «Отдай мне мой платок!»

Осень. 1913

***

Ever since St. Agrafena's day,
He has kept my crimson shawl.
He gloats like King David, enthralled.
His frosty cell has walls of gray,
And no one talks to him at all.

I'll go to his door and stand in his way,
"Return my shawl to me!" I'll say.

Autumn. 1913

***

Я с тобой не стану пить вино,
Оттого, что ты мальчишка озорной.
Знаю я — у вас заведено
С кем попало целоваться под луной.

А у нас — тишь да гладь,
Божья благодать.

А у нас — светлых глаз
Нет приказу подымать.

1913. Декабрь

***

With you, I will never drink wine.
You're too naughty for me, too sly.
I know – it's normal for your kind
To kiss anyone beneath the night sky.

But we've got – quiet, peaceful skies
By God's grace.

And no command for bright eyes
To be raised.

December, 1913

***

Вечерние часы перед столом,
Непоправимо белая страница.
Мимоза пахнет Ниццей и теплом.
В луче луны летит большая птица.

И, туго косы на ночь заплетя,
Как будто завтра нужны будут косы
В окно гляжу я, больше не грустя,
На море, на песчаные откосы.

Какую власть имеет человек,
Который даже нежности не просит!
Я не могу поднять усталых век,
Когда мое он имя произносит.

Лето 1913

***

The evening at the desk in peace,
The page is white beyond repair.
Mimosa smells of warmth and Nice
A large bird flies in moonlit glare.

And, plaiting my braids for the night
As if I must wear them tomorrow,
I stare at the sandbars outside
And the sea, no longer in sorrow.

So much rule, so much power is his,
As he seeks no affection to gain!
I'm too wearied to open my lids,
As he calmly utters my name.

Summer, 1913

Part IV

***

Как вплелась в мои темные косы
Серебристая нежная прядь, -
Только ты, соловей безголосый,
Эту муку сумеешь понять.

Чутким ухом далекое слышишь
И на тонкие ветки ракит,
Весь нахохлившись, смотришь - не дышишь,
Если песня чужая звучит.

А еще так недавно, недавно
Замирали вокруг тополя,
И звенела и пела отравно
Несказанная радость твоя.

1912

***

In my long dark braids interwoven
Is a delicate silvery strand, -
Voiceless nightingale, such torment,
Only you could understand.

You hear everything around you,
Ruffled, breathless, gazing straight
At the willow's fronds – astounded,
If a stranger's song is played.

But just recently, all about,
Poplars hushed and met in a throng,
As your ineffable joy burst out
In a resonant poisonous song.

1912

***

"Я пришла тебя сменить, сестра,
У лесного, у высокого костра.

Поседели твои волосы. Глаза
Замутила, затуманила слеза.

Ты уже не понимаешь пенья птиц,
Ты ни звезд не замечаешь, ни зарниц.

И давно удары бубна не слышны,
А я знаю, ты боишься тишины.

Я пришла тебя сменить, сестра,
У лесного, у высокого костра".

"Ты пришла меня похоронить.
Где же заступ твой, где лопата?
Только флейта в руках твоих.
Я не буду тебя винить,
Разве жаль, что давно, когда-то,
Навсегда мой голос затих.

Мои одежды надень,
Позабудь о моей тревоге,
Дай ветру кудрями играть.
Ты пахнешь, как пахнет сирень,
А пришла по трудной дороге,
Чтобы здесь озаренной стать".

И одна ушла, уступая,
Уступая место другой.
И неверно брела, как слепая,
Незнакомой узкой тропой.
И все чудилось ей, что пламя
Близко... бубен держит рука.

***

"Sister, I have come to take your place,
In the forest, by the fire's blaze.

Your hair grew gray. Over the years,
Your eyes were dulled and fogged by tears.

You don't hark the bird song from afar,
Or see the summer lightning or the stars.

Your tambourine no longer plays its song,
And you were scared of silence all along.

Sister, I have come to take your place,
In the forest, by the fire's blaze."

"You have come to bury me tonight.
Did you bring a shovel or a spade?
With a flute in hand, you're walking slow.
I will not accuse you now or chide,
It's a pity that my voice began to fade,
And then died forever long ago.

Go ahead and put on my attire,
Don't think twice about my distress,
Let the wind play freely with your hair.
Though your road was hard, you have acquired
A scent of lilac somewhere nonetheless,
And you stand illumined by this glare."

And one left, left the other behind,
Conceding her place, she exhaled
And she groped her way, as if blind,
Down the narrow, unfamiliar trail.
And she felt she was always beside
The bright flame... tambourine in her hand.

И она, как белое знамя,
И она, как свет маяка.

24 октября 1912
Царское Село

And she went, like a banner of white,
Like a beam from a lighthouse, she went.

October 24, 1912
Tsarskoe Selo

Стихи о Петербурге

I

Вновь Исакий в облаченье
Из литого серебра.
Стынет в грозном нетерпенье
Конь Великого Петра.

Ветер душный и суровый
С чёрных труб сметает гарь…
Ах! своей столицей новой
Недоволен государь.

14 ноября 1913

Verses about Petersburg

I

St. Isaac's Cathedral is clothed in
The robes of cast silver again.
The horse of Peter stands frozen,
Impatient, fierce and intent.

The harsh stifling wind will not cease,
Sweeping the chimneys and hovering...
The new capital still does not please
The sovereign.

November 14, 1913

II

Сердце бьётся ровно, мерно.
Что мне долгие года!
Ведь под аркой на Галерной
Наши тени навсегда.

Сквозь опущенные веки
Вижу, вижу, ты со мной,
И в руке твоей навеки
Нераскрытый веер мой.

Оттого, что стали рядом
Мы в блаженный миг чудес,
В миг, когда над Летним садом
Месяц розовый воскрес, —

Мне не надо ожиданий
У постылого окна
И томительных свиданий.
Вся любовь утолена.

Ты свободен, я свободна,
Завтра лучше, чем вчера, —
Над Невою темноводной,
Под улыбкою холодной
Императора Петра.

14 ноября 1913

II

The heart beats steadily, more certain.
Lengthy years can't leave a mark!
For our shadows are eternal
On the Galernaya street arc.

Though my eyelids are half-closed now,
I can see you there again
And in your hand, forever frozen,
Is my old unopened fan.

And because we had connected
In that moment, blissful-hearted,
As the moon was resurrected
Up above the Summer Garden, -

I don't need the anxious waiting
By some window full of spite
And the agony of dating.
All my love is satisfied.

You and I, we're free, meanwhile
Future bests the days gone by, -
By the Neva, dark and riled,
With the frigid frozen smile
Of the Emperor up high.

November 14, 1913

***

Знаю, знаю - снова лыжи
Сухо заскрипят.
В синем небе месяц рыжий,
Луг так сладостно покат.

Во дворце горят окошки,
Тишиной удалены.
Ни тропинки, ни дорожки,
Только проруби темны.

Ива, дерево русалок,
Не мешай мне на пути!
В снежных ветках черных галок,
Черных галок приюти.

1913

***

I know, I know – the skis will soon
Again crunch on the snow.
Up in the sky, an orange moon,
And charming slopes below.

The palace windows are all bright,
In quietness set back.
No trails and no roads in sight,
Just ice holes shining black.

O tree of mermaids, do not welter,
Willow, move aside!
In your snowy branches, shelter
Black daws for the night.

1913

Венеция

Золотая голубятня у воды,
Ласковой и млеюще-зеленой;
Заметает ветерок соленый
Черных лодок узкие следы.

Сколько нежных, странных лиц в толпе.
В каждой лавке яркие игрушки:
С книгой лев на вышитой подушке,
С книгой лев на мраморном столбе.

Как на древнем, выцветшем холсте,
Стынет небо тускло -голубое...
Но не тесно в этой тесноте
И не душно в сырости и зное.

1912

Venice

A golden dovecote by the water,
A comforting, alluring-green;
The salty breeze wipes out the sheen
From gondolas, restoring order.

The gentle faces, crowding, bewilder.
Bright toys in every shop and nook:
A pillow flaunts a lion with a book,
The selfsame lion on a marble pillar.

An old discolored canvas of the night,
The evening cools, dull blue against the street...
But here, this tightness isn't ever tight
And no one's stifled in the humid heat.

1912

***

Протертый коврик под иконой,
В прохладной комнате темно,
И густо плющ темно-зеленый
Завил широкое окно.

От роз струится запах сладкий,
Трещит лампадка, чуть горя.
Пестро расписаны укладки
Рукой любовной кустаря.

И у окна белеют пяльцы…
Твой профиль тонок и жесток.
Ты зацелованные пальцы
Брезгливо прячешь под платок.

А сердцу стало страшно биться,
Такая в нем теперь тоска…
И в косах спутанных таится
Чуть слышный запах табака.

1912

***

The prayer rug is all worn out,
The room is gloomy, bleak and cold
And dark-green ivy twines around
The window on the outside wall.

The roses stream a fragrant scent,
The icon lamp grows dim and sputters.
Embellished by a loving hand,
The storage chests are bright with flowers.

Nearby, the lace frame shining white…
Your profile's delicate, but tough.
Beneath the handkerchief you hide
The fingers that I've kissed with love.

The heart is scared to beat, afraid
Of pain inside it could evoke…
And there is, in my tangled braids,
A slight hint of tobacco smoke.

1912

Гость

Все как раньше: в окна столовой
Бьется мелкий метельный снег,
И сама я не стала новой,
А ко мне приходил человек.

Я спросила: "Чего ты хочешь?"
Он сказал: "Быть с тобой в аду".
Я смеялась: "Ах, напророчишь
Нам обоим, пожалуй, беду".

Но, поднявши руку сухую,
Он слегка потрогал цветы:
"Расскажи, как тебя целуют,
Расскажи, как целуешь ты".

И глаза, глядевшие тускло,
Не сводил с моего кольца.
Ни одни не двинулся мускул
Просветленно -злого лица.

О, я знаю: его отрада -
Напряженно и страстно знать,
Что ему ничего не надо,
Что мне не в чем ему отказать.

1 января 1914

Guest

Everything's the same: the snow
Falls, across the window sweeping,
And I'm no different than before,
Though a man had come to see me.

I asked him then: "What are you after?"
"To be in hell with you," he said.
And I replied to him with laughter,
"You're dooming both of us, my friend."

But reaching with his slender hand,
He brushed the petals of my flowers:
"Tell me how you're kissed and then
Tell me how you kiss the others."

His eyes stared at my ring, uncouth,
Never shifting his dull blank gaze,
That instant, not a muscle moved
On his translucently-wicked face.

O, I know: he will only be pleased
When everything's clear and lucid,
When there's nothing at all he needs,
When there's nothing for me to refuse him.

January 1, 1914

***

Александру Блоку

Я пришла к поэту в гости.
Ровно в полдень. Воскресенье.
Тихо в комнате просторной,
А за окнами мороз

И малиновое солнце
Над лохматым сизым дымом...
Как хозяин молчаливый
Ясно смотрит на меня!

У него глаза такие,
Что запомнить каждый должен;
Мне же лучше, осторожной,
В них и вовсе не глядеть.

Но запомнится беседа,
Дымный полдень, воскресенье
В доме сером и высоком
У морских ворот Невы.

Январь 1914

***

To Alexander Blok

I went in to see the poet.
Noon exactly. On a Sunday.
The spacious room is rather quiet.
But outside, there's bitter frost

And the raspberry-colored sun
Over shaggy, blue smoke…
The gaze of my silent host
Is clear and focused on me!

The look in his eyes is such
That everyone must remember;
But as for me, being cautious, -
I'd better not see it at all.

But I'll remember our talk,
The smoky afternoon on Sunday,
In the poet's high, gray house
By the sea-gates of the Neva.

January, 1914

Added to Later Editions

Отрывок из поэмы

В то время я гостила на земле
Мне дали имя при крещеньи - Анна,
Сладчайшее для губ людских и слуха,
Так дивно знала я земную радость
И праздников считала не двенадцать,
А столько, сколько было дней в году.
Я, тайному веленью покорна,
Товарища свободного избрав,
Любила только солнце и деревья.
И осенью, однажды, иностранку
Я встретила в лукавый час зари,
И вместе мы купались в теплом море.
Ее одежда странной мне казалась,
Еще страннее - губы. А слова,
Как звезды, падали сентябрьской ночью.
И стройная меня учила плавать,
Одной рукой поддерживая тело
Неопытное на тугих волнах.
И часто, стоя в голубой воде,
Она со мной неспешно говорила,
И мне казалось, что вершины леса
Слегка шумят, или хрустит песок,
Иль голосом серебряным волынка
Вдали поет о вечере разлук.
Но слов ее я помнить не могла
И часто ночью с болью просыпалась.
Мне чудился полуоткрытый рот,
Ее глаза и гладкая прическа.
Как вестника небесного, молила
Я девушку печальную тогда:
"Скажи, скажи, зачем угасла память,
И, так томительно лаская слух,
Ты отняла блаженство повторенья..."
И только раз, когда я виноград
В плетеную корзину собирала,
А смуглая сидела на траве,

Fragment from a poem

Then, at the time, I was a guest on earth
At baptism they had named me – Anna,
The sweetest name for human lips and ears,
The earthly joys for me were so miraculous,
I counted holidays and didn't stop at twelve,
But one for each day of the calendar year.
Obeying secretive mysterious command,
I chose full freedom for a loyal comrade,
And only loved the sunshine and the trees.
And it was one day during autumn when I met
A foreigner at the deceptive sunrise hour,
We bathed together in the balmy sea.
Her whole attire seemed so strange to me,
Her lips were even stranger. And the words,
Like stars, fell through dark September night.
The slender one, she taught me how to swim
While holding up my body with one hand
So inexperienced upon the breaking waves.
And oftentimes, while standing in blue water,
She spoke to me unhurriedly and softly,
And then it seemed to me that tops of trees
Would rustle slightly, or the sand would crunch,
Or with a silver voice the distant bagpipes
Would sing about the evening of farewell.
But I could not remember what she said,
And often, I'd wake up at night in pain.
As in a dream, I saw her opened mouth,
The smoothness of her hairdo and her eyes.
As if she was a messenger of heaven,
I pleaded of the melancholy girl:
"Do tell me why the memory has faded,
And, torturing so tenderly my hearing,
You took away the bliss of repetition..."
And only once, when I collected grapes
And placed them slowly in a wicker basket,
A dusky woman sat there on the grass,

Глаза закрыв и распустивши косы,
И томною была и утомленной
От запаха тяжелых синих ягод
И пряного дыханья дикой мяты,
Она слова чудесные вложила
В сокровищницу памяти моей.
И, полную корзинку уронив,
Припала я к земле сухой и душной,
Как к милому, когда поет любовь.

Осень 1913

With braids undone and with her eyelids shut,
And she was languishing and wearied all at once
From spicy breath that reached her from wild mint
And from the powerful aroma of blue grapes,
There she deposited the words of breathless wonder
Into the storehouse of my memory.
And, having let go of the wicker basket,
I fell atop the dry and fragrant earth,
As if to the beloved, when love sings.

Autumn 1913

***

Проводила друга до передней,
Постояла в золотой пыли,
С колоколенки соседней
Звуки важные текли.
Брошена! Придуманное слово -
Разве я цветок или письмо?
А глаза глядят уже сурово
В потемневшее трюмо.

1913

***

Out to the hall I walked my lover
And in the golden dust I stopped
And from the nearby belfry tower
The solemn sounds echoed up.
I'm left behind! A made-up phrase –
A bloom, a letter? But, alas,
The eyes already sternly gaze
Into the darkened cheval glass.

1913

***

Простишь ли мне эти ноябрьские дни?
В каналах приневских дрожат огни.
Трагической осени скудны убранства.

Ноябрь 1913

***

Will you forgive me these November days?
Lights flicker in the Neva's waterways.
The tragic autumn's meager decorations.

November, 1913

***

Я не любви твой прошу.
Она теперь в надежном месте…
Поверь, что я твоей невесте
Ревнивых писем не пишу.
Но мудрые прими советы:
Дай ей читать мои стихи,
Дай ей хранить мои портреты –
Ведь так любезны женихи!
А этим дурочкам нужней
Сознанье полное победы,
Чем дружбы светлые беседы
И память первых нежных дней…
Когда же счастия гроши
Ты проживешь с подругой милой
И для пресыщенной души
Все станет сразу так постыло –
В мою торжественную ночь
Не приходи. Тебя не знаю.
И чем могла б тебе помочь?
От счастья я не исцеляю.

1914

***

It's not your love I seek tonight.
It's in a safe place now, it's hidden…
Believe me that I haven't written
Resentful letters to your bride.
But take this sensible suggestion:
Give her my poetry to read,
Give her my portraits for protection –
The groom must always be this sweet!
And yet, these fools, they need and chase
The sense of utter victory,
Much more than friendly company
And memories of first sweet days…
And once the last of bliss is spent
With your beloved in this heaven
And for the sated soul again
All suddenly becomes repellent –
In my triumphant night, don't stray
Back to me. I won't let you enter.
How could I help you anyway?
I have no cure for your contentment.

1914

***

"Горят твои ладони,
В ушах пасхальный звон,
Ты, как святой Антоний,
Виденьем искушен".

"Зачем во дни святые
Ворвался день один,
Как волосы густые
Безумных Магдалин".

"Так любят только дети,
И то лишь первый раз".
"Сильней всего на свете
Лучи спокойных глаз".

"То дьявольские сети,
Нечистая тоска".
"Белей всего на свете
Была ее рука".

1915

***

"Your palms are fiery,
The Easter bells ring loud,
You're tempted, like St. Anthony,
By visions all around."

"How was such day's affair
Mixed with the holy days,
Like thick and tangled hair
Of Magdalenes half-crazed."

"Thus only children love,
Just once, and then it dies."
"No light is strong enough -
To match those tranquil eyes."

"This is the devil's bluff,
Such longing - an offense."
"No white is white enough -
To match that of her hands."

1915

***

Будешь жить, не зная лиха,
Править и судить,
Со своей подругой тихой
Сыновей растить.

И во всем тебе удача,
Ото всех почет,
Ты не знай, что я от плача
Дням теряю счет.

Много нас таких бездомных,
Сила наша в том,
Что для нас, слепых и темных,
Светел божий дом,

И для нас, склоненных долу,
Алтари горят,
Наши к божьему престолу
Голоса летят.

1915

***

You'll live happy, evil-free,
You will judge and reign,
With your darling you will see
All that your sons attain.

You'll succeed without trying,
Get respect and praise,
You won't know that I'm, from crying,
Losing track of days.

There are many homeless, slighted,
But we're full of might,
For the blind and benighted
Paradise is bright.

And for those, down in the vale,
Altars sizzle hot,
And our voices will prevail
Soaring up to God.

1915

Anna Akhmatova (June 23, 1889 - March 5, 1966) is considered by many to be one of the greatest Russian poets of the Silver Age. One of the forefront leaders of the Acmeism movement, which focused on rigorous form and directness of words, she was a master of conveying raw emotion in her portrayals of everyday situations. Her works range from short lyric love poetry to longer, more complex cycles, such as Requiem, a tragic depiction of the Stalinist terror. During the time of heavy censorship and persecution, her poetry gave voice to the Russian people. To this day, she remains one of Russia's most beloved poets and has left a lasting impression on generations of poets that came after her.

Made in the USA
Middletown, DE
10 November 2023